좋은 벗 풍경소리 엮음

어린이 찬불동요 창작곡 **풍경소리**
피아노 반주곡집

어린이 찬불동요 창작곡
좋은 벗 풍경소리 피아노 반주곡집 3

처음 찍은 날 / 2006년 1월 5일
처음 펴낸 날 / 2006년 1월 15일

엮은이 / 좋은 벗 풍경소리
        총재 : 지현스님
        부총재 : 덕신스님 원명스님
        회장 : 성행스님
        부회장 : 성전스님 초격스님 각만스님 자용스님

편집위원 / 대엽스님 김동환 이진구 유익상 이종만 정유탁 최미선
악보 편집·사보 / B&B Music (한성훈)
그림·디자인 / 디자인 사각 (김언경)

펴낸이 / 박홍순
펴낸곳 / 도서출판 구먹
        등록날짜 / 2001년 11월 20일
        등록번호 / 제 8-349호
        주소 / 서울시 은평구 대조동 204-12
        전화 / 02)352-9152(대)
        팩스 / 02)352-2101

정가 8,000 원

좋은 벗 풍경소리 엮음

어린이 찬불동요 창작곡

풍경소리

피아노 반주 곡집

3

꾸벅
COOBUG

‖‖‖ 축사

어린이 피아노곡집에 붙여

좋은 벗 풍경소리가 맑고 밝은 풍경을 울린 지 꼭 10년이 되었답니다. 그래서 여러 가지로 궁리한 끝에 큰마음 먹고 어린이들에게 아주 요긴한 『어린이 피아노곡집』을 내기로 작정하고 이렇게 예쁜 책을 만들었답니다.

묘법연화경이라는 경의 방편품에 보면 부처님께서 이런 말씀을 하셨습니다. "사람을 시켜 악기를 연주하되 북을 울리고 …퉁소·거문고·비파… 이처럼 가지가지 묘한 음악으로 공양하고 즐거운 마음으로 노래를 불러 부처님의 큰 덕을 칭송하되 단 한 마디만 불러도 다 불도를 이루리라"

부처님의 덕을 찬탄하는 음악·노래를 단 한 구절만 불러도 불도를 이룬다고 하셨는데 이런 피아노곡집으로 열심히 연습하고 노래를 부르고 또 다른 사람들에게 들려주고 한다면 얼마나 큰 공덕을 짓는 일이겠습니까.

그 동안 풍경소리에서 많은 노래를 지어서 여러 사람들에게 널리 알려주었으니 그 공덕이 엄청날 것이고 이번에 또 이런 예쁜 피아노곡집까지 냈으니 그 공덕이 또 얼마나 크겠습니까.

그 마음이 얼마나 순수하고 예쁩니까. 이런 예쁜 마음이 담긴 예쁜 피아노곡집으로 열심히 피아노 연습을 하는 어린이의 마음은 또 얼마나 예쁘겠습니까.

부디 어린이 여러분께서 이 책에 담긴 예쁜 마음을 듬뿍듬뿍 퍼가시기 바랍니다. 그러면 여러분 마음도 부처님 마음처럼 깨끗하고 따뜻해질 것입니다. 그렇게 예뻐진 마음으로 이 책에 있는 부처님 노래를 많이 부르고 다른 어린이들에게도 들려주면 부처님 말씀대로 여러분도 꼭 부처님처럼 훌륭한 어린이가 될 것입니다.

10년 동안 애쓰신 풍경소리 여러분께 고맙다는 말씀을 드리면서 이 피아노곡집으로 예쁜 마음을 다듬어갈 여러 어린이들의 예쁜 모습을 마음속에 그려보니 저의 마음도 저절로 예뻐지는 것 같아 무척 즐겁습니다.

어린이 여러분, 예뻐진 마음으로 우리 모두 부처님 앞에서 예쁘게 살아가면 얼마나 좋겠습니까. 꼭 그렇게 될 것입니다.

2005년 12월
사단법인 불교음악협회 회장 반영규 합장

차례

어린이 찬불동요 창작곡
풍경소리 3 피아노 반주곡집

- 4. 축사
- 6. 차례
- ♪ 8. 마음이 고운아이 - 이민영 작사 / 정유탁 작곡 / 이진구 편곡
- ♪ 12. 미소 - 박성희 작사 / 정유탁 작곡 / 김동환 편곡
- ♪ 14. 보리를 심자 - 황학현 작사 / 민선희 작곡 / 이진구 편곡
- ♪ 16. 꽃대궁 - 원성스님 작사 / 이종만 작곡 / 김동환 편곡
- ♪ 19. 눈 속에 매화 - 정관스님 작사 / 최미선 작곡 / 김동환 편곡
- ♪ 22. 씨앗 - 이진구 작사 / 이진구 작곡 / 이진구 편곡
- ♪ 24. 사랑해요 부처님 - 정명 작사 / 이종만 작곡 / 이진구 편곡
- ♪ 26. 우리절 소리 - 최미선 작사 / 최미선 작곡 / 김동환 편곡
- ♪ 30. 그림을 그려요 - 최미선 작사 / 최미선 작곡 / 김동환 편곡
- ♪ 33. 부처님(포도알) - 정수연 작사 / 이종만 작곡 / 김동환 편곡
- ♪ 36. 돌 부처님(I) - 대엽스님 작사 / 정유탁 작곡 / 김동환 편곡
- ♪ 38. 돌 부처님(II) - 김종상 작사 / 이종만 작곡 / 김동환 편곡
- ♪ 40. 여름 - 최미선 작사 / 최미선 작곡 / 김동환 편곡
- ♪ 42. 스님 생각 - 황학현 작사 / 민선희 작곡 / 김동환 편곡
- ♪ 45. 부처님 소리 - 화평스님 작사 / 정유탁 작곡 / 김동환 편곡
- ♪ 48. 자비의 곳 - 최미선 작사 / 최미선 작곡 / 김동환 편곡
- ♪ 50. 풍경소리 - 김종상 작사 / 진희연 작곡 / 이진구 편곡
- ♪ 52. 즐거운 소풍 - 화평스님 작사 / 이종만 작곡 / 김동환 편곡
- ♪ 55. 돌탑 - 김종상 작사 / 이종만 작곡 / 이진구 편곡

♬ 58. 애기 왕자님 오셨네 - 김재영 작사 / 변향산 작곡 / 김동환 편곡
♬ 60. 기도를 하자 - 이진구 작사 / 이진구 작곡 / 이진구 편곡
♬ 62. 불제자 - 황학현 작사 / 민선희 작곡 / 김동환 편곡
♬ 64. 부처님 세상 - 최미선 작사 / 최미선 작곡 / 김동환 편곡
♬ 68. 하얀눈이 오네요 - 이종만 작사 / 이종만 작곡 / 이진구 편곡
♬ 72. 들꽃처럼 곱게 - 반영규 작사 / 민선희 작곡 / 이진구 편곡
♬ 74. 부처님과 다람쥐 - 화평스님 작사 / 이종만 작곡 / 김동환 편곡
♬ 77. 신나는 연꽃동산 - 황학현 작사 / 이종만 작곡 / 김동환 편곡
♬ 80. 반가사유상 - 김종상 작사 / 이종만 작곡 / 이진구 편곡
♬ 83. 예쁜 기도 - 대엽스님 작사 / 이종만 작곡 / 김동환 편곡
♬ 86. 별을 보면 - 박동원 작사 / 박동원 작곡 / 김동환 편곡
♬ 88. 발걸음 - 이민영 작사 / 박지열 작곡 / 이진구 편곡
♬ 91. 욕망의 강 - 황학현 작사 / 한성훈 작곡 / 이진구 편곡
♬ 94. 절 마당과 빗자루 - 편주희 작사 / 정유탁 작곡 / 김동환 편곡
♬ 96. 졸업생 환송축가 - 이진구 작사 / 이진구 작곡 / 이진구 편곡
♬ 100. 깨달음의 네 가지 소리 - 이진구 작사 / 이진구 작곡 / 이진구 편곡
♬ 103. 얼굴과 말씀 있어요 - 이진구 작사 / 이진구 작곡 / 이진구 편곡
♬ 108. 청솔 아래서 - 원성스님 작사 / 유익상 작곡 / 유익상 편곡
♬ 111. 부처님이 계신나라 - 황학현 작사 / 유익상 작곡 / 유익상 편곡
♬ 114. 즐거운 법문시간 - 유익상 작사 / 유익상 작곡 / 유익상 편곡
♬ 116. 자비의 샘 - 황학현 작사 / 유익상 작곡 / 유익상 편곡
♬ 120. 아름다운 곳 - 유익상 작사 / 유익상 작곡 / 유익상 편곡
♬ 124. 썰매타기 - 황학현 작사 / 유익상 작곡 / 유익상 편곡
♬ 128. 바람 - 황학현 작사 / 유익상 작곡 / 유익상 편곡
♬ 131. 돼지임금 - 이강철 작사 / 유익상 작곡 / 유익상 편곡
♬ 134. 나의 큰 소원 - 황학현 작사 / 유익상 작곡 / 유익상 편곡
♬ 140. 기도 - 황학현 작사 / 유익상 작곡 / 유익상 편곡
144. 애쓰신 분들

마음이 고운 아이

*이 곡은 매우 작게 연주하는 곡으로써 건반을 누르는 방법을 다양하게 배울 수 있습니다.
- 우선 곡 전체를 건반의 반만 누르는 느낌으로 고르게 이어지도록 합니다.
- 그 후 음악적 성격을 악보대로 표현하도록 노력합니다.

이민영 작사
정유탁 작곡
이진구 편곡

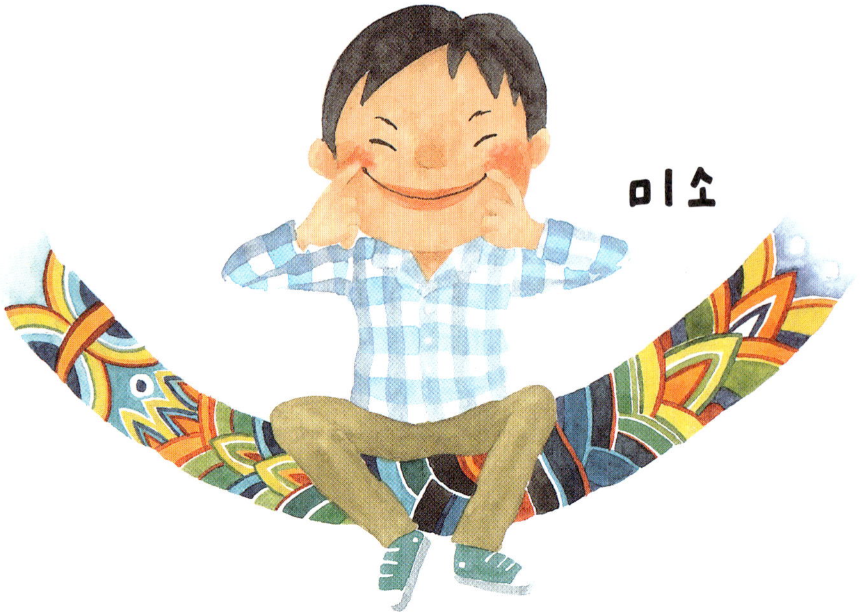

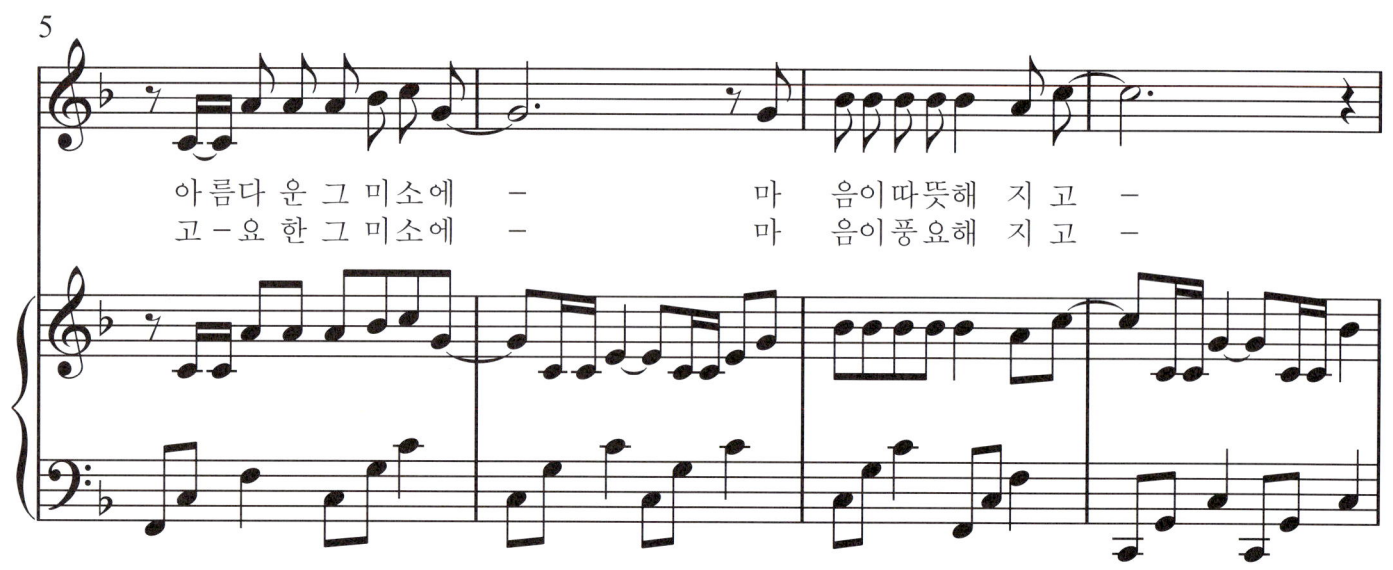

미소

박성희 작사
정유탁 작곡
김동환 편곡

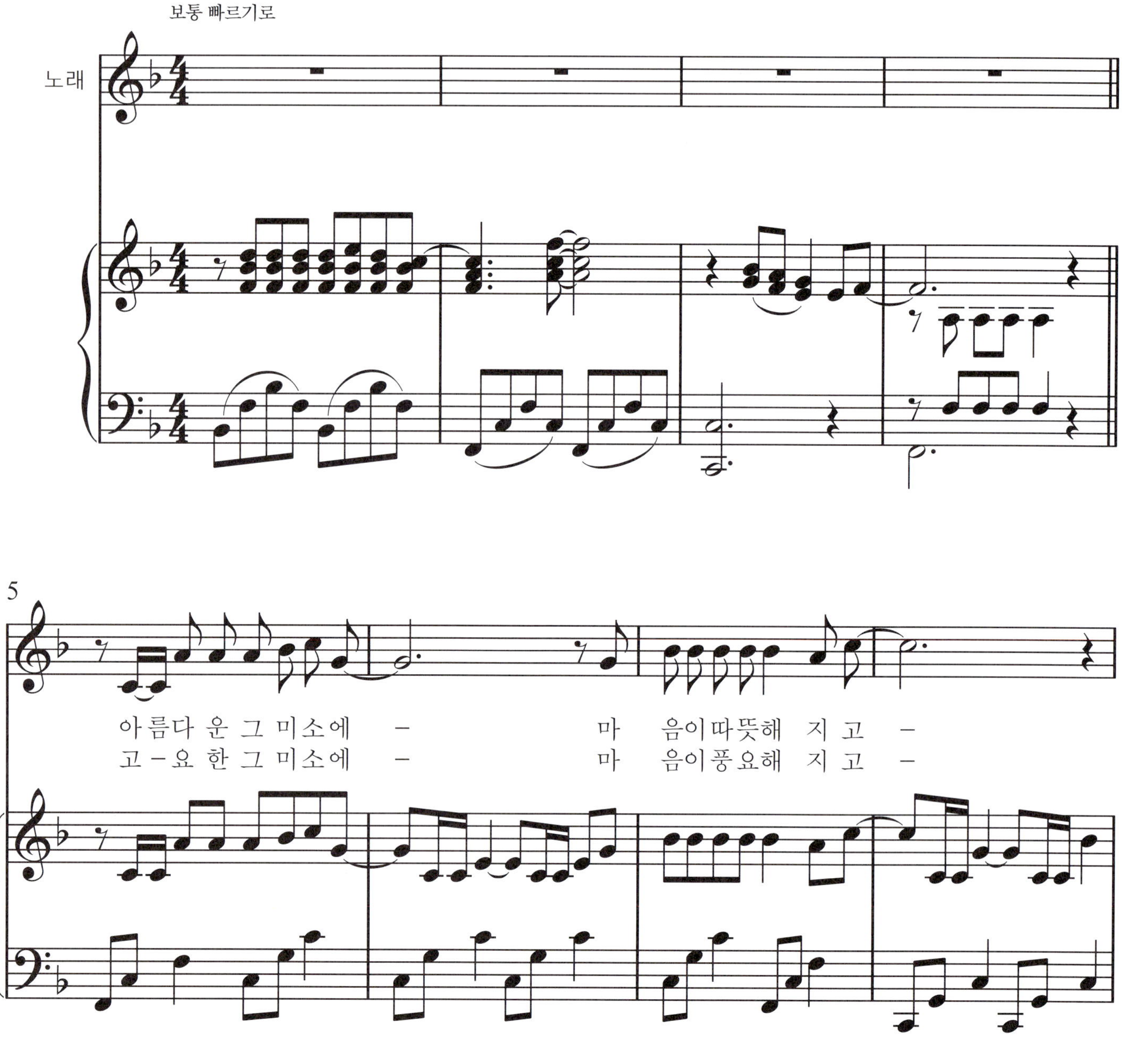
보통 빠르기로
노래
5
아름다 운 그 미소에 – 마 음이따뜻해 지 고 –
고 – 요 한 그 미소에 – 마 음이풍요해 지 고 –

보리를 심자

*이 곡은 부점을 너무 지키다보면 음악의 흐름이 부자연스러워질 수 있습니다.
- 선율의 흐름을 살리면서 자연스럽게 연주하세요. 단 박자는 고르게 지켜야겠죠.

황학현 작사
민선희 작곡
이진구 편곡

우리들 마음속에 보리를 심자　우거진 숲속에서 살아가 보자
온 세상 즐거움이 넘치게 하자　언제나 기쁨속에 살아가 보자

꽃대궁

원성스님 작사
이종만 작곡
김동환 편곡

꽃 대궁 머리 들어 들어 멀 리지는 석양 빛에 닿-습니다

못 다 이겨낼 이 기분을— 부처님은 아실런지요

눈 속에 매화

정관스님 작사
최미선 작곡
김동환 편곡

뜰앞- 에 매화꽃 펄펄 눈속에도 피었어-

꽃 손님- 대답 우리모두- 듣고 싶어요

* 셋잇단음표를 통해서 리듬을 살리는 과정입니다.
- 악보상으로는 복잡한듯 하지만 전주를 통해서 음들을 하나씩 첨가 하다보면 자연스럽게 배울 수 있습니다.
- 리듬을 타면서 선율과의 조화를 느껴야 합니다.

이진구 작사
이진구 작곡
이진구 편곡

사랑해요 부처님

*이 곡은 6도병행을 통해 반주와 선율의 어울림을 느껴보도록 했습니다.
- 반주형태가 일반적이지는 않지만 왼손이 선율과 같은 비율로 진행하는 곡이므로 깔끔한 연주를 요구합니다.
- 양손의 선율 크기도 고르게 해야 합니다.

정명 작사
이종만 작곡
이진구 편곡

자비심넘치는 부처님 — 부처님 미 — 소 — 는
덕으로빛나는 부처님 — 부처님 모 — 습 — 은

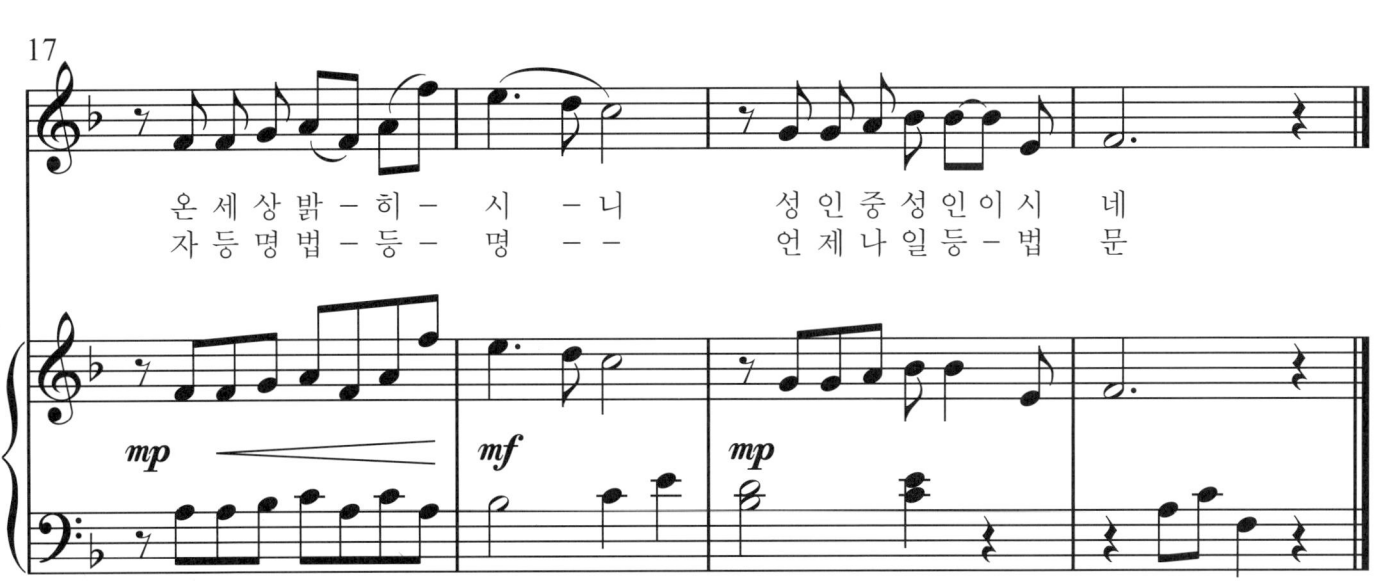

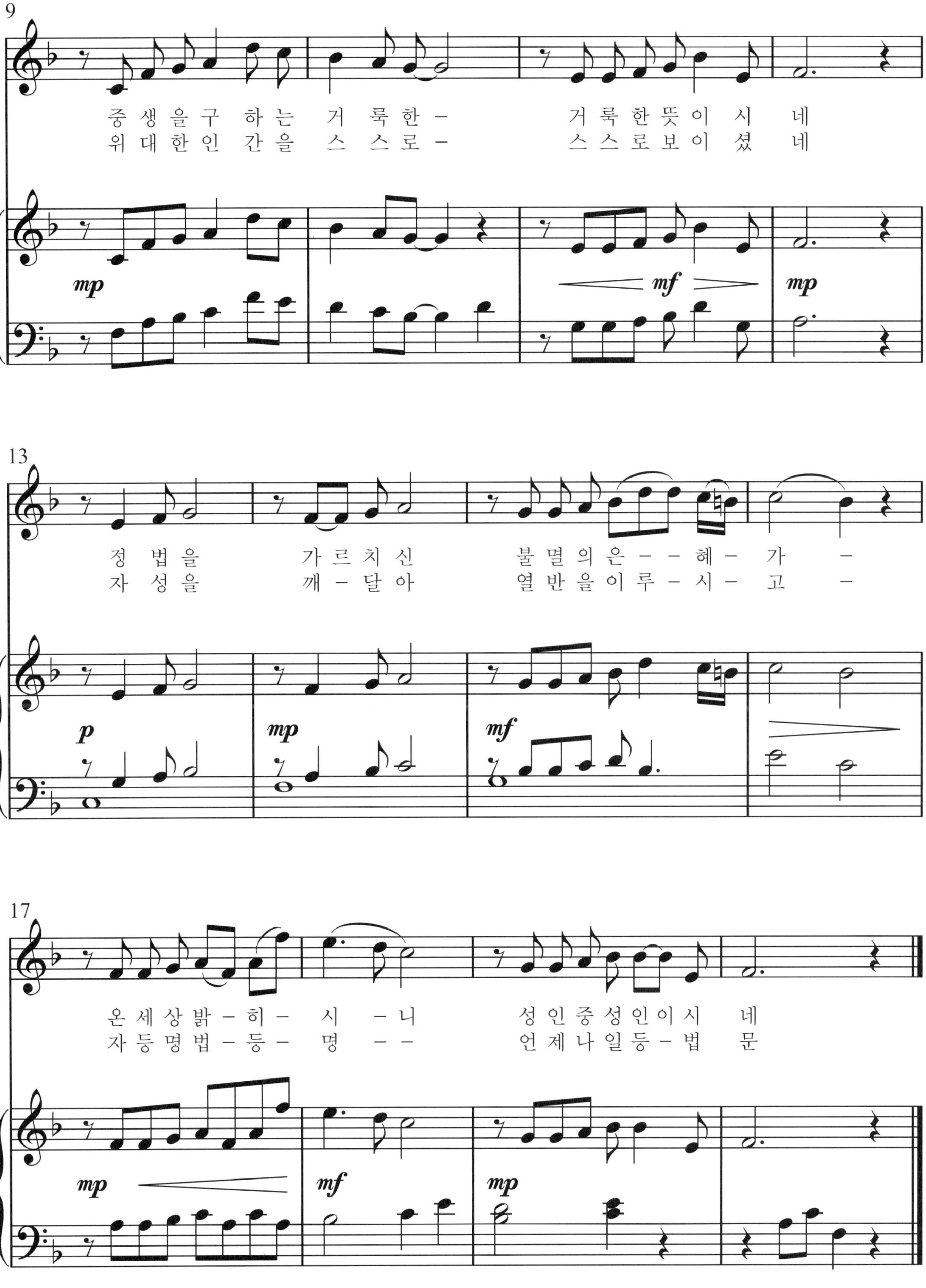
9
중 생 을 구 하 는 거 룩 한 − 거 룩 한 뜻 이 시 네
위 대 한 인 간 을 스 스 로 − 스 스 로 보 이 셨 네
13
정 법 을 가 르 치 신 불 멸 의 은 − − 혜 − 가 −
자 성 을 깨 − 달 아 열 반 을 이 루 − 시 − 고 −
17
온 세 상 밝 − 히 − 시 − 니 성 인 중 성 인 이 시 네
자 등 명 법 − 등 − 명 − − 언 제 나 일 등 − 법 문

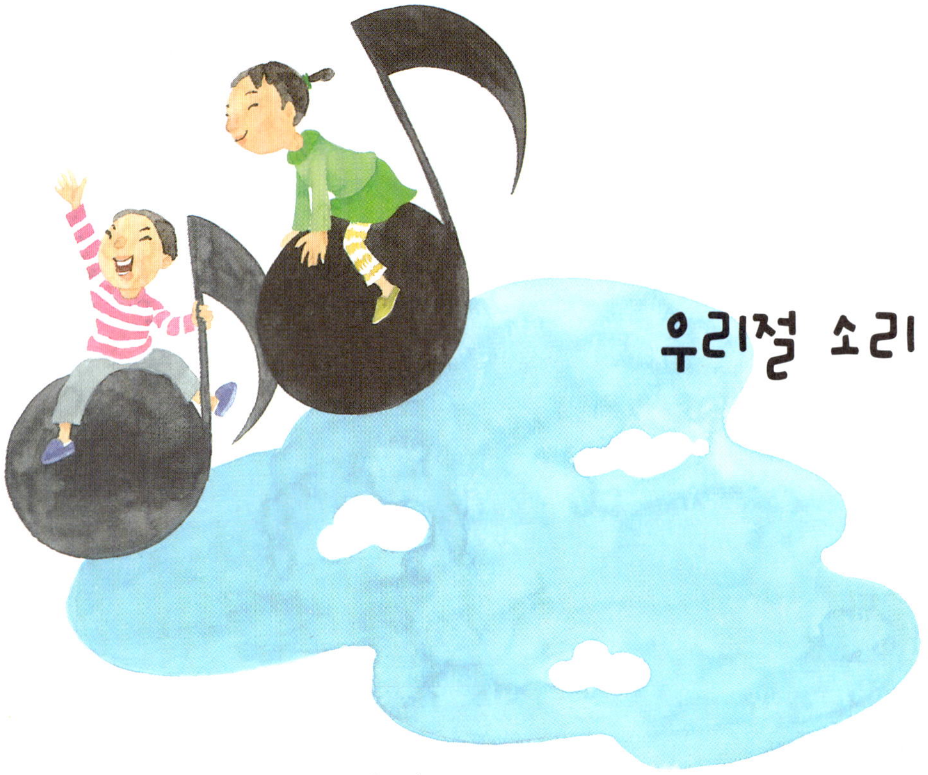

우리절 소리

최미선 작사
최미선 작곡
김동환 편곡

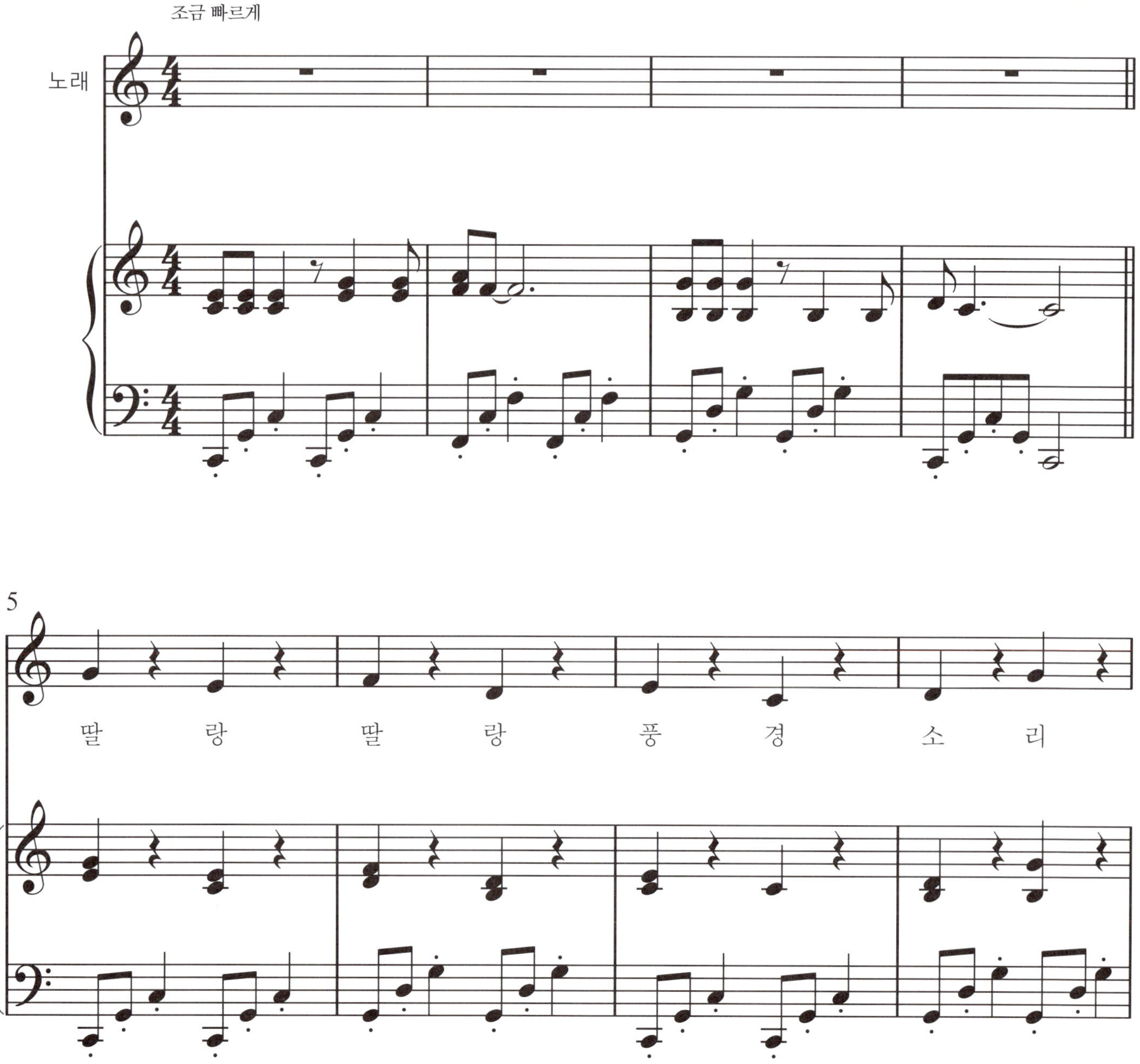

조금 빠르게

딸 랑 딸 랑 풍 경 소 리

그림을 그려요

최미선 작사
최미선 작곡
김동환 편곡

하얀 도화지에 그림을 그려요

돌 부처님 (I)

대엽스님 작사
정유탁 작곡
김동환 편곡

밤 사이에- 하얀 눈이- 소복하게 내렸어요

돌 부처님(Ⅱ)

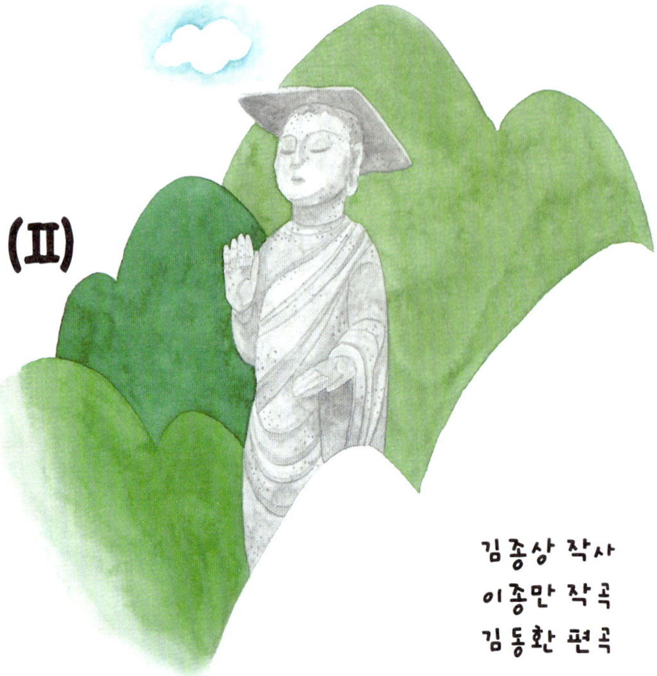

김종상 작사
이종만 작곡
김동환 편곡

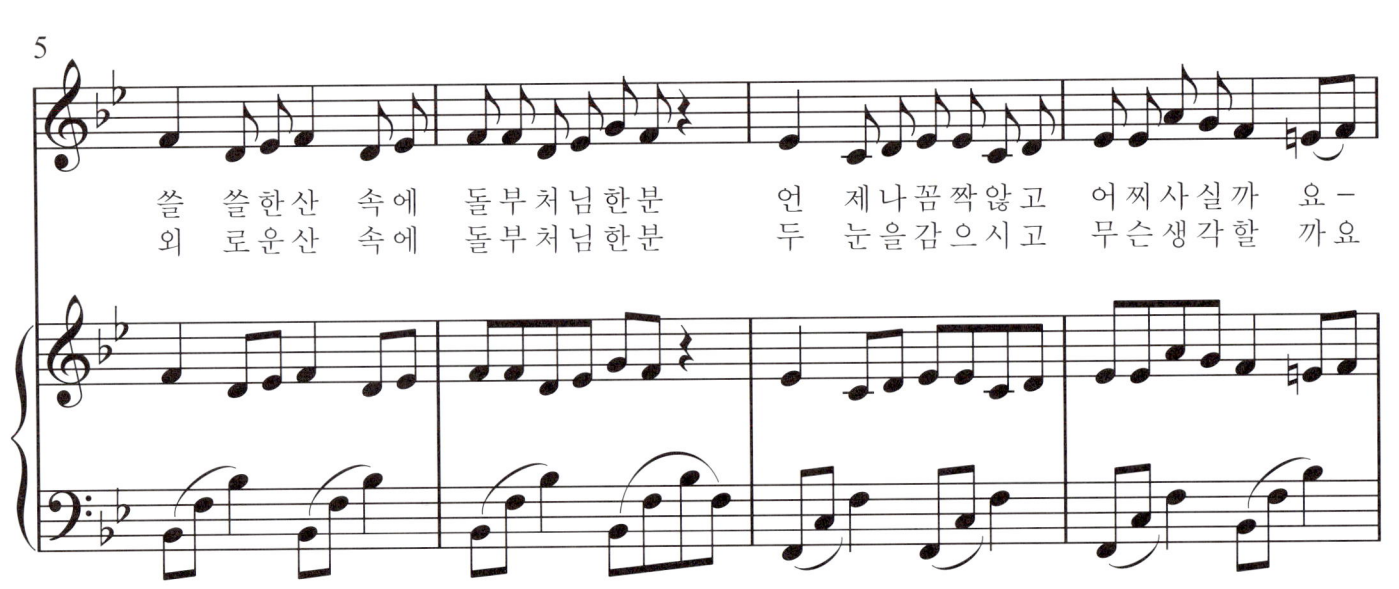

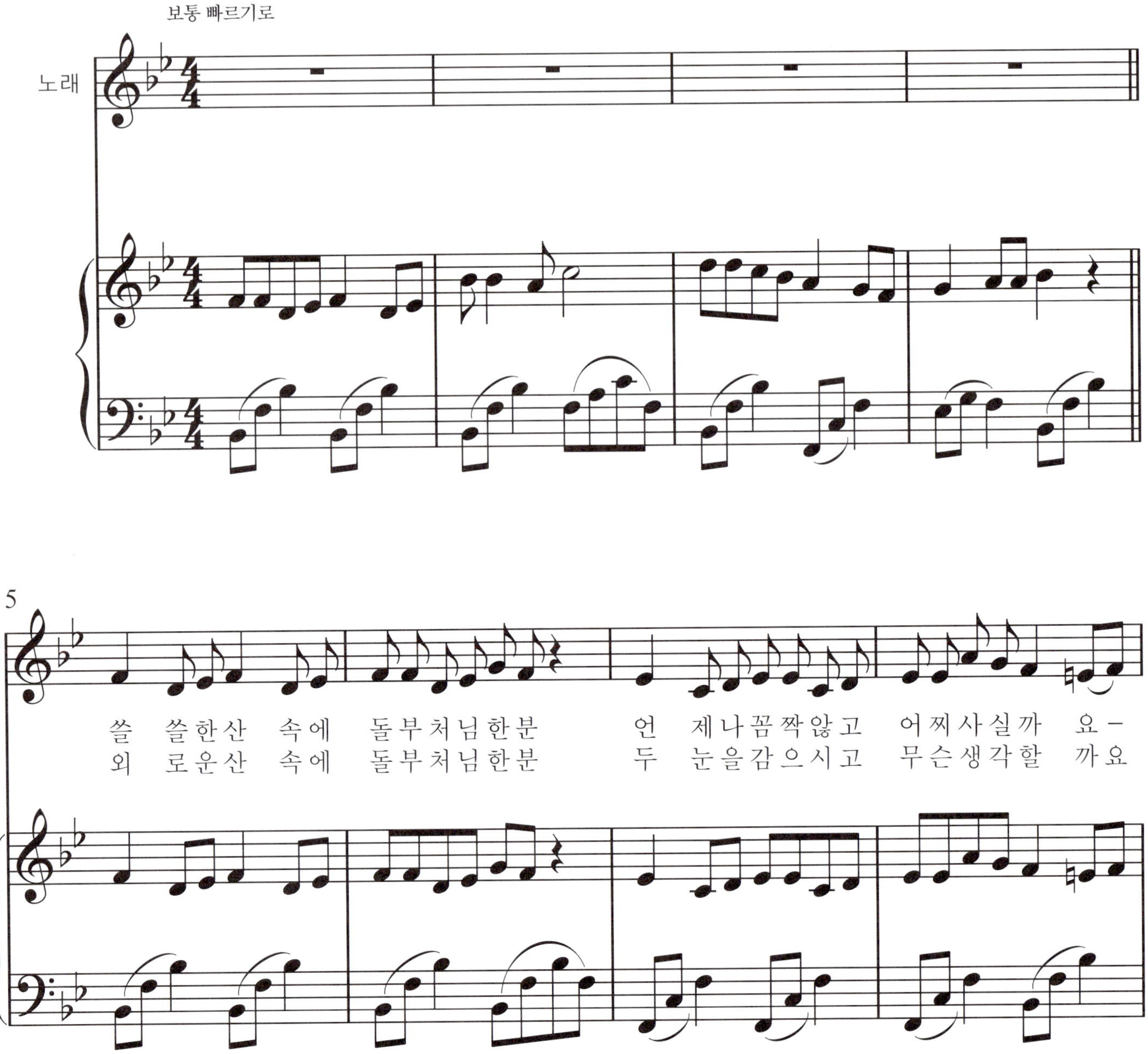
보통 빠르기로
노래
5
쓸 쓸한산 속에 돌부처님한분 언 제나꼼짝않고 어찌사실까 요 –
외 로운산 속에 돌부처님한분 두 눈을감으시고 무슨생각할 까요

스님 생각

황학현 작사
이종만 작곡
김동환 편곡

조금 느리게

바람 소 리 세 차 게 일 어 나 면 은
풍경 소 리 세 차 게 일 어 나 면 은

금산이랑 약산들러 섬마을로 가셨니
금산이랑 약산들러 섬마을서 오셨니

부처님 소리

화평스님 작사
정유탁 작곡
김동환 편곡

시냇물이졸졸졸졸 흐 르 - 는 개 울가를지나 서

자비의 곳

최미선 작사
최미선 작곡
김동환 편곡

파란 하늘 푸르른 나무 우리가 서있는 이 곳

풍경소리

*이 곡은 왼손의 아르페지오연습을 위한 곡입니다.
- 왼손의 음들을 부드럽게 이어서 처음부터 끝까지 안 틀리고 연주하는것이 제일 중요합니다.
- 손목을 유연하게 사용해야 가능합니다.

김종상 작사
진희연 작곡
이진구 편곡

은 고기가 헤엄쳐요 법당 추-녀 끝 에서
금 고기가 헤엄쳐요 절간 바-람 속 에서

즐거운 소풍

화평스님 작사
이종만 작곡
김동환 편곡

오 늘 은 -   오 늘 은 -   즐거운소 풍 날 -

돌탑

*이 곡은 왼손 당김음 형태의 반주가 고르게 유지되어야 합니다.
- 왼손과 오른손의 진행이 서로 대비 되지만 반주의 진행이 선율을 더욱 신나게 해줍니다.
- 마치 한 박자씩 늦게 나오는 듯한 이 곡의 반주 진행은 고급반으로 갈수록 많이 접하게 될 것입니다.
- 조금 어렵더라도 천천히 즐길 수 있도록 연습하면 큰 발전이 될 것입니다.

김종상 작사
이종만 작곡
이진구 편곡

돌 한 덩이 갖다 놓고 두 손 두손모아 절을 하 고

애기 왕자님 오셨네

김재영 작사
변향산 작곡
김동환 편곡

조금 빠르게

오 셨네 애 – 기 왕 자 님 싯다르타 왕 – 자 님 –
오 셨네 애 – 기 왕 자 님 싯다르타 왕 – 자 님 –

기도를 하자

*이 곡은 두 사람이 함께 선율을 나눠서 연주하면 더욱 좋습니다.
- 신나게 연주하다 보면 본의 아니게 너무 힘을 주게 되는데 주의하세요.
- 정확한 박자로 연주하는 것이 제일 중요합니다.

이진구 작사
이진구 작곡
이진구 편곡

조금 빠르게(즐겁고 신나게)

기도를 하면　방법이있어　부처님지혜 모두 보여
생각을 하면　방법이있어　부처님지혜 모두 보여

불제자

황학현 작사
민선희 작곡
김동환 편곡

우 - 리 는 -   부 처 님 을 -   닮 아 가 는 불 - 제 자

부처님 세상

최미선 작사
최미선 작곡
김동환 편곡

하늘에—는 고추잠자리 윙 윙 윙
하늘에—는 하얀눈들이 펑 펑 펑

언제나 -   자비가득 -   부처님세 - 상 -

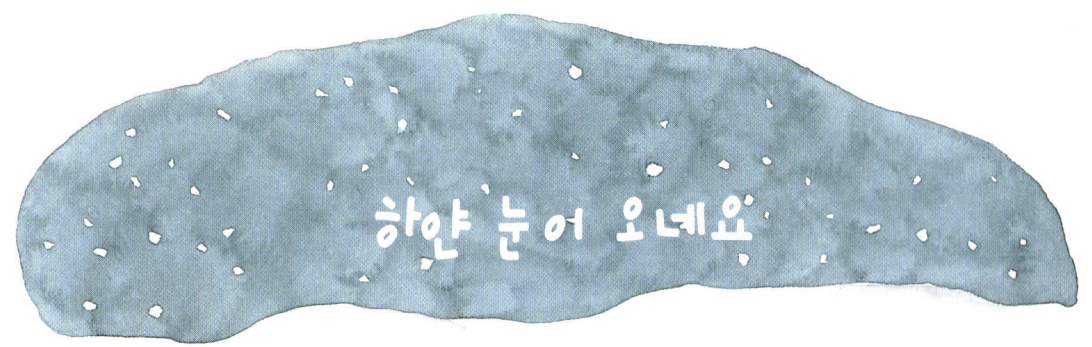

*이 곡은 선율의 붓점 리듬을 잘 살려 연주해야 합니다.
• 선율이 충분히 연습된 후에 왼손 반주를 함께 하세요.

이종만 작사
이종만 작곡
이진구 편곡

들꽃처럼 곱게

*이 곡은 단순한 리듬의 반복 형태를 틀리지 않고 끝까지 연주하는것이 중요합니다.
• 집중력을 요구하는 이곡은 가능한 한 외워서 연주해야 자연스럽습니다.

반영규 작사
민선희 작곡
이진구 편곡

1. 깊 은 산 속 양 지쪽에   들 꽃 들 이 아 롱 다 롱
2. 들 꽃 처 럼 고 운 마 음   부 처 님 의 마 음 이 래

부처님과 다람쥐

화평스님 작사
이종만 작곡
김동환 편곡

우리 절 뒷 산 다람쥐 - 놀기도 좋아하지 만

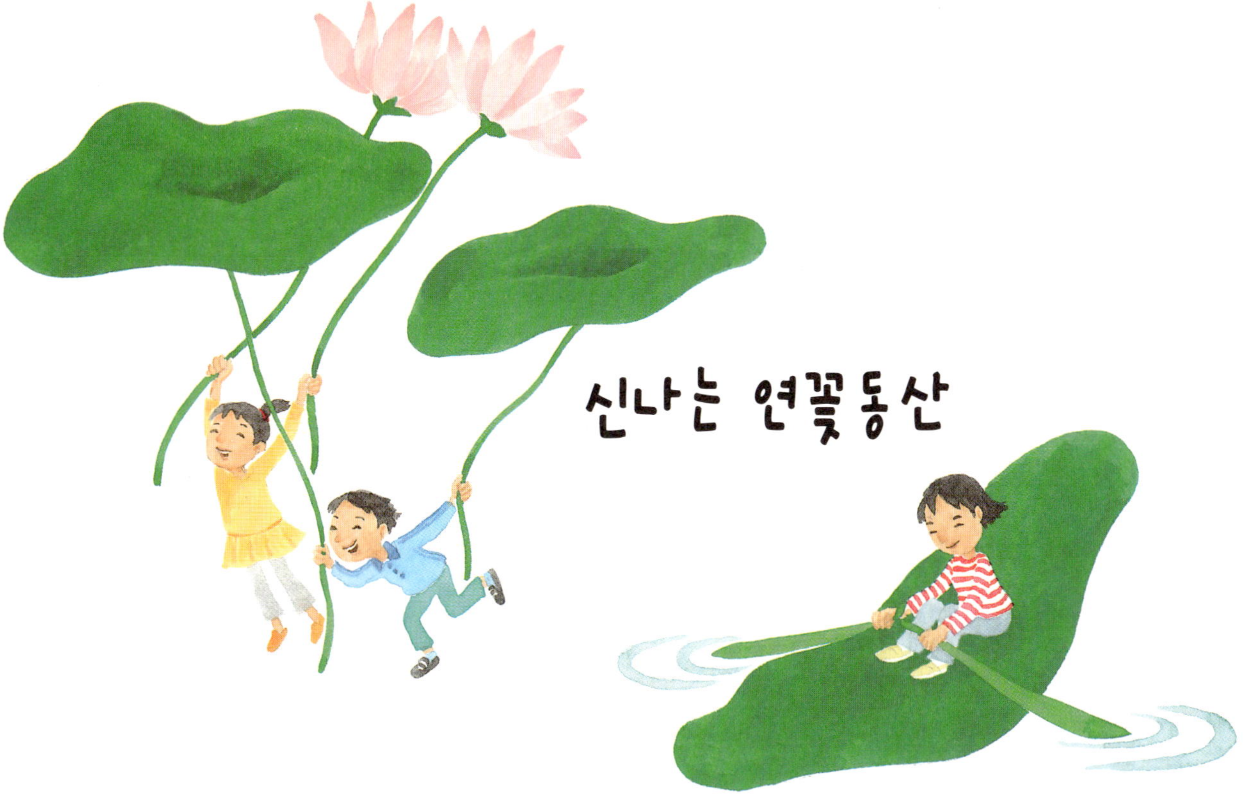

신나는 연꽃동산

황학현 작사
이종만 작곡
김동환 편곡

보통 빠르기로 (밝고 씩씩하게)
노래
5
야 야 야 야 야 모 이 자 – 우리모 두 다 함 께 모 이 자 –
야 야 야 야 야 달 리 자 – 우리모 두 다 함 께 달 리 자 –

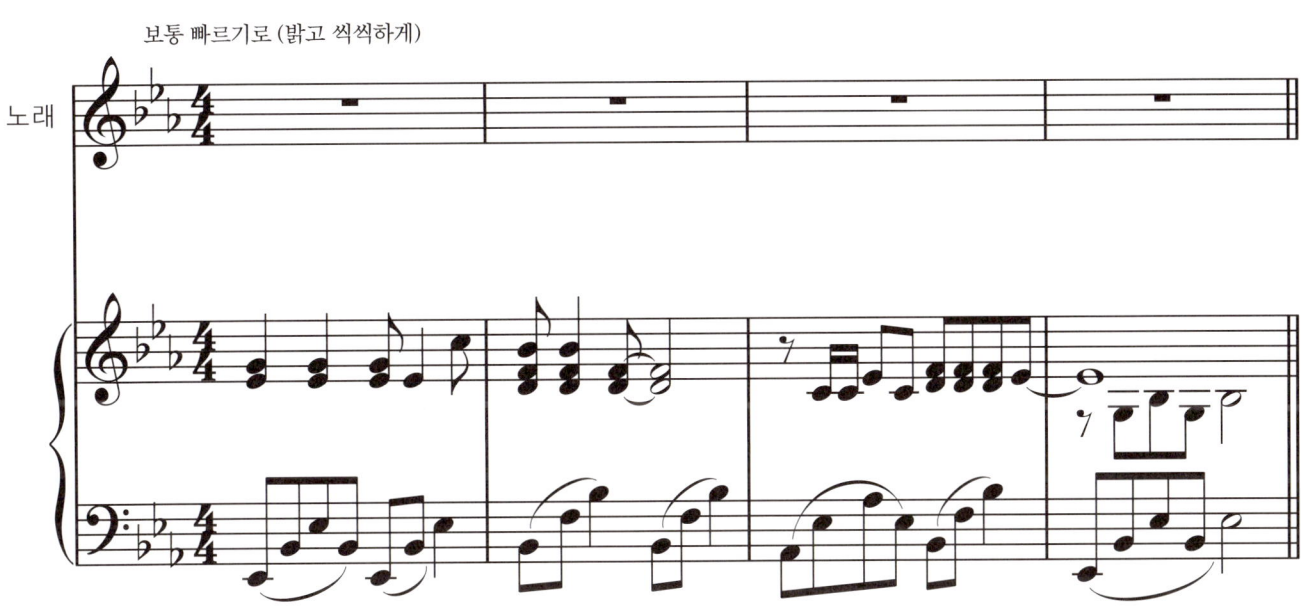

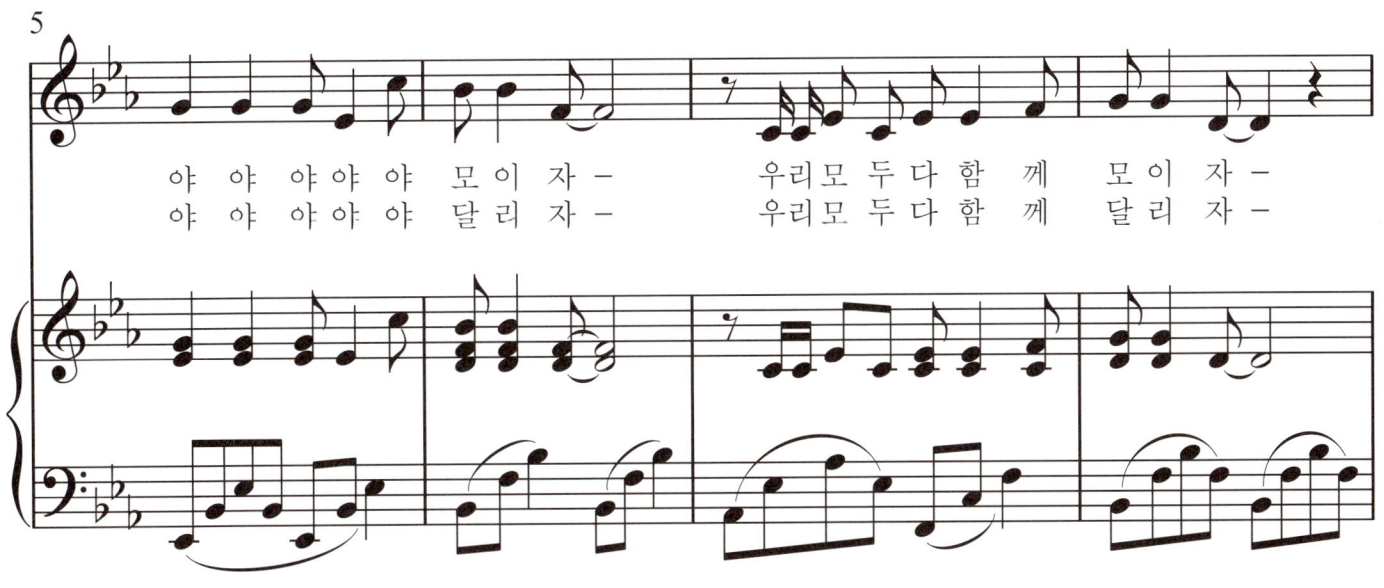

반가사유상

*선율의 다양한 변화로 인해 반주는 단순하게 진행 됩니다.
- 하지만 3도 진행이 주가 되는 반주는 결코 쉽지만은 않습니다.
- 이러한 3도 병진행은 고급반으로 갈수록 꼭 필요한 기술입니다.
- 왼손반주를 충분히 익히세요.

김종상 작사
이종만 작곡
이진구 편곡

한 손을 턱에 괴고 ― 반 가부좌로 앉아 서 ―

예쁜 기도

대엽스님 작사
이종만 작곡
김동환 편곡

조금 느리게

예-쁜손 만-들고 부처님앞에서 서 —

별을 보면

박동원 작사
박동원 작곡
김동환 편곡

반짝반짝 빛나는 별을 보면은
동글동글 환한 달을 보면은

발걸음

이민영 작사
박지열 작곡
이진구 편곡

조금 느리게

높은 산 -험한 길 한 적한 -산 사

에 한걸음 -한 걸 음이- -가 벼 운 · -이 유

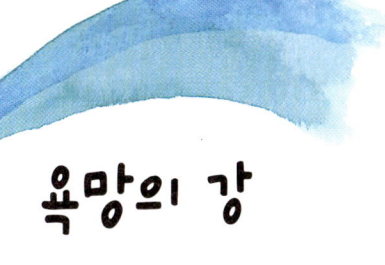

욕망의 강

황학현 작사
한성훈 작곡
이진구 편곡

이 세상 모든것을   끌어담고 담－아
한 평생 욕망따라   쌓고쌓은 업－보

절 마당과 빗자루

편주희 작사
정유탁 작곡
김동환 편곡

절 앞 마 당에 는   오 래 된 빗 자루하 나 —

졸업생 환송축가

*이 곡은 독립된 선율과 반주가 함께 연주하도록 되어 있어 기술상 많은 어려움이 있는 곡입니다.
• 이러한 유형의 곡들도 앞으로 클래식 곡에서 많이 접하게 되기 때문에 꼭 거쳐야 하는 과정이므로 부분적으로 충분히 연습한 후에 함께 연주하도록 합니다.

이진구 작사
이진구 작곡
이진구 편곡

부처님의 넓은품에 - 함께자란 법우들
님께안긴 법우들

깨달음의 네 가지 소리

*비교적 어려운 곡입니다.
• 원곡은 합창곡으로써 성부의 다양한 대화를 통해 대위법을 구사하였습니다.
• 풍경소리 피아노 반주곡집에서 가장 어려운 곡입니다. 차근차근 익혀가기 바랍니다.

이진구 작사
이진구 작곡
이진구 편곡

가사: 산 사의 새 날을 고하는 우렁 찬 울림소리 법고

얼굴과 말씀 있어요

이진구 작사
이진구 작곡
이진구 편곡

청솔 아래서

원성스님 작사
유익상 작곡
유익상 편곡

청솔—가지에 누웠습니다   푸르른 하늘이 곱디고와요

부처님이 계신 나라

황학현 작사
유익상 작곡
유익상 편곡

어서오라 손 짓하는 좋으신부 - 처 님 -
어서오라 부 르시는 좋으신부 - 처 님 -

즐거운 법문시간

유익상 작사
유익상 작곡
유익상 편곡

보통 빠르기로

노래

큰 스 님 법문에는 – 넓은강이있어 요
큰 스 님 눈빛속엔 – 맑은하늘있어 요
큰 스 님 가슴에는 – 높은산이있어 요

자비의 샘

황학현 작사
유익상 작곡
유익상 편곡

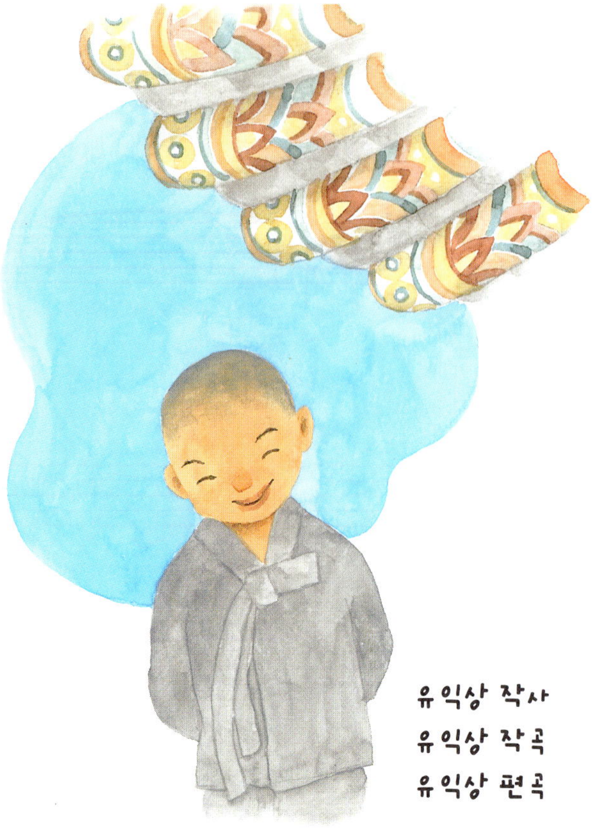

아름다운 곳

유익상 작사
유익상 작곡
유익상 편곡

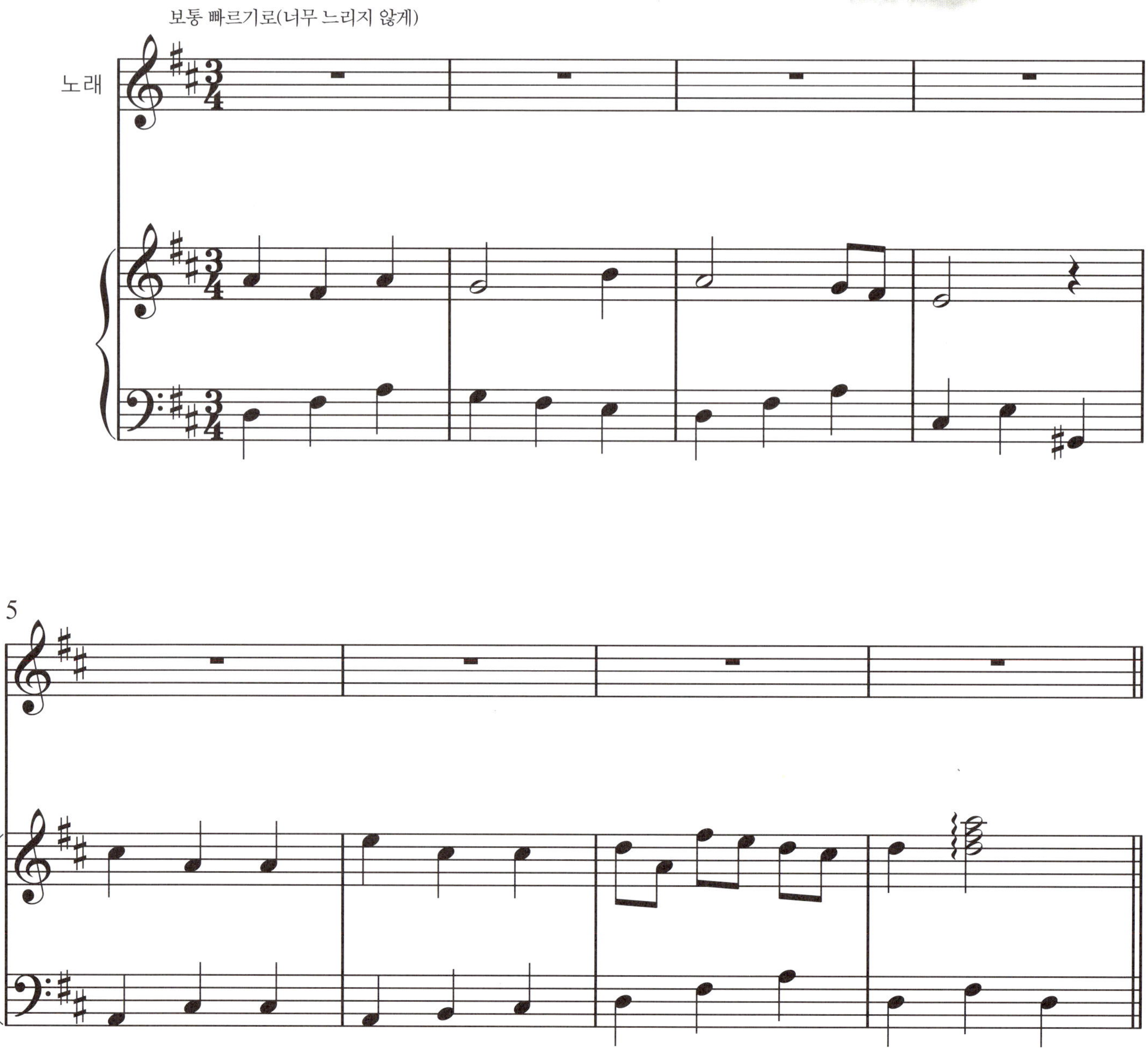

보통 빠르기로(너무 느리지 않게)

썰매타기

황학현 작사
유익상 작곡
유익상 편곡

바람

황학현 작사
유익상 작곡
유익상 편곡

바람 바람 속에서   세상은   변하고

돼지임금

이강철 작사
유익상 작곡
유익상 편곡

부하들이 보고있어 어쩔수가없었−네 (어휴)
호랑이는 돼지에게 내가졌다했다−네 (졌다)

나의 큰 소원

황학현 작사
유익상 작곡
유익상 편곡

기도

황학현 작사
유익상 작곡
유익상 편곡

조금 느리게 (장중하게)

석 가모니불　　　석 가모니불

*어린이 찬불가를 위해 애쓴 사람들

1995년을 시작으로 꾸준히 작품을 발표하고 보급에 앞장서 온 본원 좋은 벗 풍경소리는 찬불가를 사랑하는 사람들의 모임으로서, 부처님을 찬탄하는 노래를 아름다운 음악으로 승화시켜 어린 벗들이 항상 부처님을 노래할 수 있도록 연구하고 보급하는 일을 해오고 있습니다.

지난 1970년대를 전후하여 80, 90년대를 비롯한 근간의 어린이 찬불가의 자료를 수집 정리하고 또한 새로운 찬불가를 올바르게 제작·보급하고자하는 목적을 근본으로 창립된 좋은 벗 풍경소리가 2005년 12월을 기해 창립 10주년을 맞이하게 되었습니다.

이에 이를 기념하는 의미와 마음을 모아 『좋은 벗 풍경소리 피아노 반주곡집 1, 2, 3』을 출판하면서 그동안 어린이 찬불가를 위해 애쓰셨던 전국의 모든 분들과 기쁨을 함께 하며 존경과 감사의 노래로 회향하려 합니다.

✽ 어린이 찬불동요 창작곡 작사·작곡가

갈현스님 대엽스님 덕신스님 덕진스님 도리천스님 보적스님 서문스님 운문스님 원성스님 정관스님 정율스님 진관스님 승묘스님 화평스님

구소영 권규태 권오철 김동환 김민선 김민정 김민주 김소연 김재영 김종상 김진희 김태식 김항숙 나동욱 민선희 박동원 박성희 박이세 박정우 박지열 반영규 백인보 변향산 서정슬 성은희 송양섭 유익상 이강철 이민영 이민진 이슬기 이윤진 이종만 이진구 장정은 장종오 정 명 정수연 정유탁 정지선 조선재 차은선 최미선 최봉종 최영철 편주희 한성훈 황학현 봉축위원회

* 이상은 어린이 찬불동요 창장곡 1집에서 20집까지 흔쾌히 작품을 내어주신 작품자 (작사·작곡)분들로 본원 좋은 벗 풍경소리와 늘 함께 해주심에 다시 한 번 감사의 인사를 드립니다. (무순)

✽ 찬불동요와 율동지도

대엽스님 덕신스님 법명스님 법현스님 운광스님 자용스님 정오스님 지현스님 혜고스님 혜전스님 화평스님

곽진이 구자현 권양숙 권현수 김경회 김성국 김수영 김은미 김재성 김종헌 김태은 김희선 김희형 남희은 민선희 민정하 박민정 박성진 박범수 박정화 박주식 배동아 배영지 백주란 서원형 송양섭 양선영 오규호 유익상 이성훈 이수안 이유선 이종만 이찬우 이현정 장덕수 장명문 장미경 전소영 정유경 정유탁 정현주 제경환 조선재 조성아 조영근 차은선 최미선 최수경 최재용 허연숙 허재혁 허태희 황학현 소리공양

* 이상은 1980~90년대부터 2005년 오늘에 이르기까지 전국 규모의 어린이지도자 연수회를 통하여 '찬불가와 율동' 지도를 위해 애쓰신 분들입니다. (무순)

*좋은 벗 풍경소리와 늘 함께 하시는 **당신의 향기가**

각림스님 각만스님 경각스님 경원스님 경진스님 경한스님 계환스님 교무스님 금당스님 금천선원
기현스님 대엽스님 대원스님 대월스님 대화스님 덕진스님 도전스님 도진스님 동산스님 동우스님
만수스님 명산스님 명성스님 명심스님 묘성승님 무원스님 무현스님 미광스님 미산스님 범능스님
법명스님 법민스님 법현스님 보원스님 보원스님 서오스님 선나스님 선빈스님 선업스님 선주스님
성각스님 성광스님 성묵스님 성밀스님 성수스님 성언스님 성우스님 성전스님 수선스님 승원스님
심진스님 여산스님 현우스님 연담스님 요경스님 우성스님 운문스님 유정스님 유화스님 인성스님
일관스님 일명스님 자명스님 자용스님 재현스님 재화스님 정우스님 정율스님 정혜스님 종우스님
종호스님 범각스님 지현스님 성일스님 성행스님 원명스님 원철스님 원허스님 정광스님 정여스님
정휴스님 진관스님 초격스님 화암스님 주현스님 지하스님 청현스님 평중스님 해문스님 현담스님
현수스님 혜원스님 혜전스님 혜주스님 화평스님 운광스님 지홍스님 희정스님

강동화 강무정 강문정 강보경 강연희 강은교 강은실 강천사 강형진 강혜정 강호식 강화연 고광영 고명석
고준근 고현주 곽병찬 권문성 권양숙 권오형 권용애 권정우 권지성 길상화 김건우 김경미 김경희 김광삼
김광희 김규옥 김기덕 김낙현 김남희 김동환 김명환 김미선 김미숙 김미옥 김미정 김민수 김민정 김병주
김보경 김보애 김보원성 김상기 김상희 김선임 김선형 김성희 김소영 김수현 김순득 김순우 김신안
김아름 김영훈 김완동 김용현 김용화 김우석 김유신 김윤희 김은주 김일림 김재동 김재정 김정숙 김정욱
김정임 김정희Ⅰ 김정희Ⅱ 김종민 김종상 김종헌 김주환 김준환 김진표 김철진 김춘한 김태용 김판동
김한수 김향미 김현숙 김형만 김형중 김혜령 김혜숙 김혜주 김호선 김희주 김희진 김희형 남 윤 남금자
남혜정 노정남 노종범 다정혜 대덕화 류보덕 마정숙 문미영 문상희 문선영 문정숙 민동석 민선희 민소윤
박관숙 박광현 박금표 박남성 박동원 박무숙 박미나 박민정 박범수 박상훈 박상희 박성희 박세희 박소영
박애리 박애자 박영신 박용하 박용현 박은희 박일영 박재경 박재화 박정규 박정임 박정진 박정희 박지일
박창태 박천심 박청숙 박태규 박태양 박형재 박혜란 박혜진 박홍순 박화문 반영규 배나영 배동아 백경숙
백승진 백정임 법 원 변정희 변희정 봉국사 서남구 서명순 서영국 서주희 서태원 서화동 석상훈 성 지
성낙순 성은희 손경순 송양섭 손영희 송영애 송재득 송지은 수련행 수지행 신 정 신미혜 신상연 신선영
신임숙 신현순 신현중 신희권 안순규 양병도 양연화 양진수 양태화 엄미경 엄춘희 연화심 오광운 오영순
왕영미 우수지 원미숙 유경숙 유승희 유윤정 유지선 유하나 유희경 윤금선 윤명선 윤상아 이 향 이강환
이경숙Ⅰ 이경숙Ⅱ 이국정 이국화 이덕림 이도림 이미순 이민영 이민향 이병덕 이병두 이부영 이상규
이상기 이상무 이상병 이상분 이선아 이선호 이수연 이수정 이숙경 이슬기 이신자 이영문 이오도행
이원경 이익수 이정범 이정수 이정은Ⅰ 이정은Ⅱ 이종대 이주은 이준희 이중선 이진구 이찬우 이춘우
이하영 인성호 인성호 임경화 임귀란 임금빈 임수정 임지은 자현재 장대송 장사익 장순덕 장용열 장윤규

아름답습니다!!

장은비 장점순 장종오 장혁준 장현실 전미나 전순영 전지연 전진아 전태현 정 명 정명숙 정보영 정성수 정영숙 정유천 정입선 정현주 정혜문 조대현 조돈주 조성호 조연현 조영녀 조윤성 조윤재 조은주 조은희 조현환 주재우 진병길 진희연 차정숙 채영순 천윤숙 최경화 최명숙Ⅰ 최명숙Ⅱ 최미선 최미화 최봉종 최순덕 최영주 최윤희 최은영 최은정 최은하 최정윤 최지원 태하연 한경진 한상경 한성현 한옥순 한은옥 한지윤 한태웅 허미정 허성운 허옥순 허점자 허정희 허혜진 현승오 홍석현 홍민석 홍성수 홍수경 홍종교 홍현자 황선아 황순재

(사)한국불교연구회 (재)보덕학회 가릉빈가 개나리어린이집 관문사어린이지도교사회 관음사 관음심인당 광명어린이집 광산사어린이회 구인사 극락사 극락정사어린이법회 금강경독송회 금륜어린이집 · 남부심인당 노유은성어린이집 늘푸른어린이회 능인심인당 단이슬어린이집 대구불교방송 대원심인당 대청어린이집 대한불교어린이지도자연합회 대한불교진각종포교원 덕화심인당 도봉사 동학사승가대학 만불신문사 맑고향기로운연꽃동산 명선심인당 무애심인당 미림어린이집 밀각심인당 밀교신문사 밀엄심인당 바라밀유치원 법륜심인당 법보신문사 법인사 보리수어린이집 보현정사 봉녕사승가대학 봉연유치원 부산불교방송 부석사 불교레크레이션협회 불교문화원 불교신문사 불로사 삼보사 상아어린이회 선덕사 선우어린이집 성수어린이집 수색어린이집 승가원 승연사 시흥5동어린이집 신당6동어린이집 신흥사 실상심인당 쌍문3동어린이집 아나율장애아어린이집 약사사어린이법회 약천사 양지어린이집 여래사 여여선원 연꽃어린이집 연리회 연화어린이집 영등포구민회관어린이집 영천사 영화사 옥련암 옥수사회복지관 옥인어린이집 옹달샘어린이집 용화사 운문사승가대학 원각사 월간불광 · 월경사유치원 월정사 은영어린이집 은평어린이집 자비동산어린이집 자양어린이집 장미어린이집 장엄심인당 전농3동어린이집 정릉1동어린이집 정릉2동어린이집 정토사 조계종사회복지재단 조은어린이집 주간불교신문사 중곡샛별어린이집 지보사 진관사 진선미어린이집 창일어린이집 청계사 청담복지관 청량사 청송사 청주불교방송 충신어린이집 탑주심인당 파랑새어린이집 풍기어린이집 학림어린이집 한마음선원 한마음어린이합창단 한솔어린이집 합동마을복지회관 해나라어린이집 · 행화어린이집 현대불교신문사 헌등사 현풍포교당 호국일승사 홍선사 환희어린이집 효지어린이집 흑석어린이집

*이상은 찬불가를 사랑하는 사람들의 모임인 좋은 벗 풍경소리의 창립에서 10주년의 오늘이 있기까지 아름다운 동행으로 늘 함께 노래하고 춤을 추었던 주인공들이십니다.(무순)

ISBN 89-90636-23-X

정가 8,000원

※이 책의 어느 부분도 발행인의 승인없이 일부 또는 전부를 무단 복제시저작권법 제98조에 의거하여 3년 이하 징역이나 3,000만원 이하의 벌금에 처합니다.

100-300 서울시 종로구 관훈동 177 대형빌딩 405호
TEL (02) 723-9836   FAX (02) 723-9841
http://www.budsori.or.kr
E-mail : budsori@paran.com